Bernhard Felsenthal

Jüdisches Schulwesen in Amerika

Bernhard Felsenthal

Jüdisches Schulwesen in Amerika

ISBN/EAN: 9783743350045

Hergestellt in Europa, USA, Kanada, Australien, Japan

Cover: Foto ©Suzi / pixelio.de

Manufactured and distributed by brebook publishing software (www.brebook.com)

Bernhard Felsenthal

Jüdisches Schulwesen in Amerika

Jüdisches Schulwesen

in Amerika.

Ein Vortrag, gehalten am 13. Dezember 1865 in der
„Ramah-Loge" zu Chicago,

von

B. Felsenthal,

Prediger der Zionsgemeinde daselbst.

Chicago, Ill.
In Commission bei Albert Heunisch.

1866.

Die Zustände des amerikanischen Judenthums und das Leben der amerikanischen Judenheit bieten dem unbefangenen Beobachter gar viele dunkle Seiten dar, und die Betrachtung dieser Zustände und dieses Lebens kann das Herz des wohlmeinenden Freundes der Juden und des Judenthums nur mit tiefem Weh erfüllen. Ich bin kein Pessimist und ich liebe es sogar, die Lichtseiten in unsern Zuständen aufzusuchen und hervorzuheben. Aber die Schattenseiten sind so auffallend, und drängen sich so massenhaft und so augenfällig hervor, daß unwillkürlich ein Jeder, der sich nicht selbst täuschen will, zu der Ueberzeugung kommen muß, hier sei noch viel zu wünschen und viel zu wirken übrig.

Aber das Licht der Hoffnung leuchtet in wachsender Stärke. Es kann, es muß, es wird besser werden im amerikanischen Israel. Wäre ich unglücklich genug, daß mir dieses Licht erlöschen sollte, würde ich muthlos in unserer Nacht eine bleibende Nacht erblicken, und würde ich nicht freudiger Hoffnung voll von Ferne die lichte Morgenröthe einer schönern Zukunft heraufdämmern sehen: ich würde schon längst in Gleichgültigkeit und Widerwillen

1*

vom jüdischen Felde, oder richtiger vom praktischen Wirken unter meinen jüdischen Stammesbrüdern mich abgewandt, mein Denken und Arbeiten andern Gebieten zugewandt haben. Aber „um Zions willen schweige ich nicht, und um Jerusalems willen bin ich nicht stille."

Unmöglich kann ich in den engen Rahmen eines einzigen Vortrags ein vollständiges Bild des jüdischen Lebens in unsern Landen einfügen wollen; unmöglich kann ich die Absicht haben, vor Ihnen heute ein Thema zu erschöpfen, zu dessen gehöriger Besprechung ein umfangreicher Band kaum genügen dürfte. Ich will daher nur mit wenigen Worten einen Uebelstand darlegen, der unter den amerikanischen Juden heimisch ist, und dann zu der näheren Besprechung dessen übergehen, was ich zur Beseitigung des Uebels und zur Anbahnung eines bessern Zustandes als unerläßliche Bedingung erachte. Der Uebelstand, den ich im Auge habe, ist Ignoranz in religiös-jüdischen Dingen; das Gegenmittel ist Gründung und Pflege geeigneter jüdischer Schulen.

Mein Vortrag hat daher zum Thema: Das jüdische Schulwesen in Amerika. In der Behandlung dieses Thema's gedenke ich die Verhältnisse in hiesiger Stadt Chicago besonders zu berücksichtigen.

Die Wichtigkeit geeigneter jüdischer Schulen ist ziemlich allgemein zugegeben. Die Schulfrage ist in der amerikanischen Judenheit zu einer brennenden Tagesfrage geworden. Aber welche halbklare, unklare und gänzlich verkehrte Ansichten vernimmt man nicht in Bezug auf dieselbe! Lassen Sie heute uns gemeinsam die Lösung dieser Frage versuchen, — ich, indem ich die Resultate meines Nachdenkens über dieselbe Ihnen vorlege; Sie, indem Sie meine Antwort auf die Schulfrage zum Gegenstande Ihrer Erwägung machen, meinen Ansichten entweder beistimmen, und sie dann nach Maßgabe Ihrer Kräfte verwirklichen helfen, oder denselben Ihre Zustimmung versagen, weil sie Ihnen irrig erscheinen. Von denkenden Männern erwarte ich Prüfung, Kritik, aber weder blindgläubiges Hinnehmen, noch auch hochmüthiges und absprechendes Aburtheilen, das auf nichts weiter beruht als auf dem aufgeblähten ipso dixi. Lassen Sie uns zur Sache kommen.

Ignoranz ist ein großes Hinderniß in unserer religiösen Entwicklung. Wie niederschlagend ist dem Prediger der Gedanke, daß Viele seiner Hörer nicht wissen, was „Thalmud" oder „Midrasch" meint, ob Hillel oder Akiba oder Maimonides vor oder nach dem Auszug aus Egypten gelebt, ob Daniel ein Zeitgenosse des Patriarchen Abraham war oder nicht, ob Jerusalem in Polen oder in Brasilien liege u. s. w. Solche crasse Unwissenheit auf dem Gebiet des Judenthums herrscht unter einem gar nicht unbeträchtlichen Theil der hierländischen Juden, und daß dieses der Fall, ist leicht erklärlich. Man bedenke nur, daß die höchst bedeutende jüdische Einwanderung in Amerika während der letzten dreißig Jahre m e i s t e n s aus der ärmern europäischen Judenheit hervorgegangen ist, vielfach aus kleinen Dorfschaften und aus zurückgebliebenen europäischen Landestheilen kam, und daß daher für Viele derselben wenig Gelegenheit geboten war, sich ein beträchtliches jüdisches Wissen zu erwerben. Man bedenke ferner, daß für die jüngere jüdische Generation, die hier geboren und erzogen wurde, zum Theil gar keine, zum Theil nur höchst mangelhafte jüdische Schulanstalten vorhanden waren, in denen sie den Grund zu einem Wissen um jüdische Dinge hätte legen können.

Kein Wunder daher, daß gar Viele der hierländischen Juden mit eiserner Zähigkeit an sinn- und bedeutungslosen, in irgend einem europäischen Winkel herrschenden localen Gebräuchen hängen, an Gebräuchen, von denen selbst Joseph Karo und Moses Isserles nichts gewußt haben, ja die mitunter g e g e n die ausdrücklichen Bestimmungen der alten Gesetzeslehrer sind; kein Wunder, wenn diese Leute sich wegen dieses Hangens an solchen Gebräuchen „orthodox" wähnen, ungeachtet die nämlichen Leute thalmudische und biblische Satzungen, auf die das sachkundige „gesetzestreue" Judenthum den höchsten Werth legt und legen muß, (wie z. B. Speisegesetze, Sabbathfeier, Rasirverbot, Eheverbote unter gewissen Verwandten u. s. w.,) ganz ohne irgend welche Beachtung lassen, ja daß sie noch im höchsten Grade erstaunt sind, wenn man ihnen sagt, es sei diese oder jene biblische oder thalmudische Vorschrift, von der sie eben gar nichts wissen, eine Forderung des orthodoxen Judenthums. Kein Wunder, wenn ein anderer Theil der amerikanischen Judenheit in ihrer Unwissenheit von irgend Jemanden, den Liebhaberei, amtliche Stellung oder Mangel an einer sonstigen ehrbaren Beschäftigung zur Beeinflussung des jüdischen Lebens bestimmt, sich zu den prinzipienlosesten, der innersten Widersprüche vollsten, wunderlichsten und verderblichsten Neuerungen bewegen läßt. Es wäre ungerecht von uns und gegen die Wahrheit der Thatsachen, wollten wir die jüdische Unwissenheit bloß im Lager der sogenannten Orthodoxie aufsuchen, und wollten wir leugnen, daß auch unter den sogenannten Reformern eine bedeutende Summe derselben zu finden ist.

Wir haben eine ganz eigene Gattung jüdischer Orthodoxen in Amerika, über die unsere ehrlichen altgläubigen Brüder in der transatlantischen Welt verwundert den Kopf schütteln würden, und zu denen sie sagen würden: Ihr gehört nicht zu uns, und eure Orthodoxie ist nicht die unsrige. Und wir haben auch eine ganz eigenthümliche Gattung von Reformern unter uns, deren Leben und Treiben die in sich klaren europäischen Reformer zum Kopfschütteln veranlassen und das Urtheil hervorrufen würde: Bei diesen Leuten herrscht Unklarheit, Unwissenheit, Prinziplosigkeit; Hauptsachen behandeln sie als nebensächlich und untergeordnet, und kleinliche Aeußerlichkeiten, Beseitigung irgend einer harmlosen alten, oder Schaffung irgend einer nichts bedeutenden neuen Förmlichkeit sind ihnen weltgeschichtliche Thaten. Wie kann das Urtheil auch anders ausfallen? Die Verkehrtheiten und Lächerlichkeiten, die in

manchen amerikanischen Gemeinden, in manchen amerikanischen
Gotteshäusern zu Tage getreten, die gar eigenthümliche jüdische
Theologie, die im Religionsunterrichte mancher Schule gelehrt
wird u. s. w., das sind Dinge, die oft großes Erstaunen erregen.
Unklares, verstandloses Treiben allenthalben! „Mein Volk!
Die Dich leiten sollen, führen Dich in die Irre." Aber immer
aufs Neue drängen sich diese zum Theil berufenen, und doch meistens
unberufenen Leiter hervor, und die da in Wahrheit leiten könnten
und sollten, ziehen sich scheu und widerwillig zurück und beschränken
sich auf kleine und kleinste Kreise. Ueberdies will das souveräne
Volk, und besonders unsere liebe souveräne, und im Gefühle ihrer
Souveränität übermüthige amerikanische Judenheit sich von Nie=
manden leiten lassen. Daß diese Leitung dennoch statt findet,
natürlich nicht selten in unrechter Weise, deß ist man sich nicht
immer bewußt. Gar mancher glaubt zu schieben und wird geschoc=
ben. Das ändert aber die Thatsache nicht, daß bei einem sehr, sehr
großen Theile der hiesigen Judenheit der ausgesprochene Wille
vorhanden ist, sich keine Leitung gefallen zu lassen, und sollte sie
selbst von den Besten ausgehen. Das Gefühl der Achtung vor
constituirten Behörden kennt man nicht, Pietät gegen geistige und
moralische Superiorität ist eine ungekannte und ungepflegte
Gesinnung, Arroganz herrscht, und Leute, die in Europa ganz
bescheiden geschwiegen hätten, sind hier anmaßungsvoll genug, sich
vorzudrängen und über Fragen abzuurtheilen und über Dinge zu
Gericht zu sitzen, von denen sie auch nicht das Geringste verstehen.
Niemand ist weiter davon entfernt, als wir, der Beschränkung der
Autonomie des Volkes und der einzelnen Gemeinden und der
Individuen das Wort zu reden. Wir sind ganz entschieden gegen
alle Autokratie, Bureaukratie, Hierarchie in unserer Religionsge=
nossenschaft, wir sind ganz entschieden für das Selbstbestimmungs=
und für allgemeines Stimmrecht und für die volle Unabhängigkeit
der einzelnen Gemeinden und Vereine. Diese Autonomie wirkt

jedenfalls hebend, bildend, fördernd, und ist ein bedeutendes Moment und gewichtiger Factor selbst im moralischen Leben des freien Mannes. Aber ihre Ausschreitungen und Ausartungen sind nun einmal ein Gefolge der vollen Freiheit, die wir mit in den Kauf nehmen müssen. So muß es uns denn doppelt und dreifach heilige Pflicht sein, der Ignoranz einen Damm entgegen zu setzen, Bildung und Wissen zu verbreiten.

Es ist wahr, wir haben auch in der Masse der amerikanischen Judenheit viele recht gute, einige ganz ausgezeichnete Elemente; doch diese sind in der Minderheit. Wir haben auch unter den Führern eine Anzahl, denen wir ob ihres selbstlosen heiligen Eifers, ihres edlen, sich selbst bewußten Strebens, ihres bedeutenden Wissensreichthums innigste Achtung und Verehrung zollen. Aber die feindlichen Mächte sind zahlreich und nicht leicht zu bewältigen. Die Arbeit ist eine herkulische, und die Anzahl der treuen und befähigten Arbeiter ist eine geringe. „Ein Knabe kann sie aufschreiben."

Wie ist nun dem Uebel der Ignoranz zu steuern? Durch Förderung des Wissens um jüdische Dinge. Und wie kann solches Wissen am Besten und Gründlichsten gefördert werden? Durch zweckmäßige Schulanstalten. Hoffentlich sind wir Alle darin einverstanden.

Doch nein, nicht Alle stimmen hier zu. „Ei was! — so hören wir die überklugen Stimmen Mancher, die sich auf ihre Fortgeschrittenheit, auf ihren „Kosmopolitismus" nicht wenig zu Gute thun mögen, — ei was! Wozu Wissen um jüdische Dinge? Wozu eigene jüdische Schulanstalten? Ein religiöses Wissen ist etwas ganz überflüssiges; religiöse Gelehrsamkeit ist Sache der Theologen; Sache Aller ist reine Gesinnung und rechtschaffener Lebenswandel."

In einer religiösen Genossenschaft, die ganz voraussetzungslos sich ihren Cultus construirte und denselben einzig und allein aus psychologischen Prämissen hervorgehen ließe, wäre dieses Raisonnement einigermaßen berechtigt. Denn Gebet, Hymnus und Predigt gäben dann hinlängliche dogmatische und moralische Belehrungen, und ein Mangel des Wissens um positive, geschichtliche Thatsachen würde die Kenntnißnahme davon nicht erschweren. Auch die Glaubens- und Sittenlehre unseres Judenthums, die ja so sehr mit der Vernunft im Einklange steht, findet in einem geläuterten jüdischen Gottesdienste eine ziemlich genügende Darlegung. Doch verfährt das Judenthum nicht so gänzlich voraussetzungslos. Es ist eine historische Religion, besitzet eine unermeßlich reiche Entwickelungsgeschichte, ohne deren Kenntniß das jetzige Judenthum kaum in seinem vollen und eigentlichen Wesen erkennbar ist, besitzt ein außerordentlich reiches Schriftthum, aus der es fortwährend seine besten Nahrungssäfte ziehet, hat geschichtliche Feste, zu deren Verständniß es durchaus nöthig ist, daß man die Thatsachen kennet, die ihnen ihre Veranlassung gegeben haben. Und dann möchten wir auch die Gegner des Unterrichts im Jüdischen — im Jüdischen! Man verzeihe uns diesen etwas ungeschickten, bloß der Kürze halber gewählten Ausdruck — gebeten haben, doch erwägen zu wollen, wie herz- und characterbildend dieser Unterricht gemacht werden kann. Das Lesen der Propheten und der Psalmen, der Unterricht in der biblischen und nachbiblischen Geschichte kann und wird einen wahrhaft veredelnden Einfluß auf die Gemüther und das Leben der Schüler ausüben. Jüdische Schulen sind daher nothwendig.

Vor Denjenigen, welche das Judenthum als überlebt, als unberechtigt in der modernen Welt, als ohne Kraft und Befähigung ansehen, segensreich auf Gegenwart und Zukunft der menschheitlichen Entwickelung einzuwirken, haben wir hier keine Argumente vorzubringen. Wir unterlassen dies hier aus mehrfachen Gründen, hauptsächlich auch deßhalb, weil uns heute keine Zeit dazu gegeben ist, und weil diese Argumentation uns zu weit von der Straße, die wir heute wandeln wollen, ablenken und zu tief in Nebenstraßen einlenken würde. Trotz der Namenjuden, welche von ihrem erhabenen geschichtsphilosophischen Standpunkte aus den Machtspruch ergehen lassen: Lasset den Anachronismus Judenthum aus der Welt verschwinden! bleiben wir bei dem Satze: Die Welt bedarf noch sehr nothwendig des Judenthums, und das Judenthum, namentlich das autonome amerikanische, fordert von seinen Bekennern ein gewisses Maß jüdischen Wissens und zur Erlangung und Aneignung desselben die Gründung jüdischer Schulen.

„Aber wird nicht durch jüdische Schulen eine Scheidewand errichtet zwischen jüdischen und nichtjüdischen Kindern? Wir sehen, wie in Europa die reactionären Parteien confessionelle Schulen erhalten, befestigen und neu gründen wollen, indeß die liberalen Parteien, die auf der Höhe der Zeit stehen und die Forderungen der Zeit begreifen, dem confessionellen Schulwesen abhold sind, und Schulen, die Allen ohne Unterschied offen stehen können, errichtet haben wollen. Und im freien Amerika soll man Confessionsschulen das Wort reden wollen? Schicket eure Kinder in die confessionslosen Schulen des Landes, und wenn ihr ihnen Religions-Unterricht angedeihen lassen wollet, so sorget in besondern Sabbathschulen dafür! Nehmet euch, ihr Juden, in dieser Hinsicht ein Beispiel an der Mehrzahl der christlichen Secten in diesem Lande!"

Das sind freilich Worte, die sehr gewichtig gegen jüdische Schulen in die Wagschale fallen. Ganz entschieden wären wir gegen spezifisch-jüdische Schulen, wenn das Maß des jüdischen Wissens, das wir für unsere Kinder wünschenswerth halten, in sogenannten Sabbathschulen so leicht erworben werden könnte, als die christliche Jugend ihr christliches Wissen in ihren Sonntagsschulen sich erwerben kann. Aber es gilt einen zu massenhaften Lehrstoff zu bewältigen. Die weitaus große Mehrheit der hiesigen Israeliten sind deutscher Abkunft, und fast jeder israelitische Vater wünscht und verlangt — und dies mit vollem Rechte — daß die Kinder in der Schule nicht bloß englisch, sondern auch g r ü n d -

lich deutsch und hinlänglich hebräisch erlernen sollen. Sollen aber die Knaben und Mädchen so weit gefördert werden, daß sie nach dem Schlusse der Schuljahre zwei Sprachen, englisch und deutsch, vollkommen beherrschen, und die dritte, hebräisch, insofern verstehen, daß ihnen die hebräischen Theile unserer Liturgie nicht fremdartig erscheinen, und daß die leichtern Bücher der Bibel in der Ursprache ihrem Verständniß nahe liegen, dann muß man für sie solche Anstalten gründen, in denen diese Förderung möglich, in denen dieses Ziel erreichbar ist.

In einer Sabbathschule, welche einmal in der Woche die jüdischen Kinder versammelt, kann das angegebene Ziel **nicht** erreicht werden, namentlich wenn, wie es in amerikanischen Städten der Fall ist, in denen sich allenthalben die Juden massenhaft niedergelassen haben, diese Sabbathschulen überfüllt und die Lehrkräfte und Lehrmittel nicht in hinreichender Zahl gestellt sind. Auf die Gegenstände des jüdischen Unterrichts muß, wenn dieser Unterricht ersprießlich sein soll, täglich zurückgekommen werden. Es sind daher Sabbathschulen ungenügend und unzweckmäßig; es sind daher jüdische „Tagschulen" ein Gebot der Nothwendigkeit. Ja, jüdische Tagschulen! Oder vielmehr Tagschulen, in denen die Schüler auch Gelegenheit haben, das wünschenswerthe jüdische Wissen sich anzueignen. Da nun der Staat oder die politische Commune uns nicht solche Schulen liefert, so müssen eben die Juden selbst zur Gründung und Erhaltung derselben schreiten. Deßhalb müssen nicht nothwendiger Weise diese Schulen confessionell sein. Die Verwaltung sei liberal, und grundsätzlich seien dieselben einem Jeden zugänglich, welcher Nationalität und welcher Religion er auch angehöre. Auf diese Weise wird der illiberale, confessionelle Character von diesen Instituten fern gehalten. Von vornherein ist nur festzustellen, daß Hebräisch und jüdische Religionswissenschaft an denselben gelehrt werde. Der Unterricht in diesen Fächern kann und soll übrigens nur acultativ sein, und Schülern muß es mit Zustimmung ihrer Eltern frei stehen, an demselben Theil zu nehmen oder nicht. Es muß aber eine solche Anstalt immer unter israelitischer Leitung sich befinden, damit man stets sicher sei, daß Hebräisch und jüdische Religionslehre im Programm der Anstalt ihre Stellen haben.

Nun gibt es freilich eine ziemliche Zahl jüdischer Schulen in Amerika. Allein der Uebelstand ist, daß man in der Organisation und Leitung derselben meistens nicht von den rechten Prinzipien sondern von falschen Ansichten sich leiten ließ. In gewissen Ländern der Erde, in denen die Juden bisher von der Betheiligung am modernen Culturleben ausgeschlossen waren, und in denen sie auch noch in geistigen Ghettis lebten, mochte es für die Freunde derselben als nothwendig sich ergeben, für die Hebung allgemeiner Cultur, für die Pflege allgemeiner Schulbildung unter den Juden Sorge zu tragen, und dort mögen die herrschenden Verhältnisse es nothwendig machen, daß man für die Grundlegung dieser allgemei= nen Bildung in besondern jüdischen Schulanstalten Vorsorge treffe. Solche allgemeine Schulbildung könnte aber unsere amerikanische Jugend in den für alle Confessionen errichteten Schulen des Landes genießen, wenn man nichts weiteres im Auge hätte. Wer einzig und allein zum Behuf der Verbreitung unconfessionellen Wissens unter den amerikanischen Israeliten besondern jüdischen Schulen das Wort redet, seien diese Schulen nun elementare oder höhere, Kinderschulen oder "Colleges", Handelsschulen oder "Universities", der spricht entweder aus knabenhafter Unreife heraus, oder entfaltet, bewußt oder unbewußt, für s ch ä d l i ch e Pläne seine Wirksamkeit. Warum wir für jüdische Schulen in die Arena treten, geschieht nicht deßhalb, weil wir dem Mangel an allgemeiner Bildung, sondern dem Mangel an jüdisch=religiöser Bildung abzuhelfen uns aufgefordert fühlen, und es ist daher auch nicht Hebung des Wissens unter den Juden, sondern Hebung des Wissens um den Lehrinhalt und die Geschichte des Judenthums, was unser bewegendes Motiv in Befürwortung jüdischer Schulen ist. Die Hebung dieses Wissens darf nach unserer Ansicht im Unterrichtsplan solcher Schulen nicht aus dem Auge verloren werden, wenn diese Anstalten auf eine innere Berechtigung für ihre Existenz und resp. Fortexistenz Anspruch machen wollen. Dieses hat man aber in denjenigen jüdischen Schulen nicht sich gegenwärtig-gehalten, in denen alle möglichen Lehrobjecte der allgemeinen Schule und neben ihnen weiter nichts gelehrt wird als ein nothdürftiges mechanisches Lesen des Hebräischen. Wenn auch nicht absolut nothwendig, so ist es doch im hohen Grade wünschenswerth, daß unsere heranwachsende Jugend eine volle Kunde der jüdischen Glaubens- und Pflichtenlehre, eine Vertrautheit mit den Hauptthatsachen der biblischen und nachbiblischen Geschichte, eine einigermaßen geförderte Kenntniß der hebräischen Sprache, in der die Bibel und zu einem großen Theile das so reiche nachbiblische Schriftthum verfaßt sind, sich zu eigen mache.

Sage man nicht, wir steckten unser Ziel zu hoch. Selbst bei der Ausführung eines solchen Lehrplanes, wie wir ihn weiter unten darzulegen gedenken, wird man noch lange nicht hebräische Linguisten heranbilden, und noch weniger hebräische oder semitische Philologen, welche die israelitische Nation und die jüdische Stammesgenossenschaft bis auf den Grund ihres Wesens, bis auf den Kern ihres Lebens erforscht und begriffen haben werden. Daß wir wünschen, es möchten die jüdischen Jünglinge und Männer der nächsten Generation nicht alle zu dem Am ha=Arez gehören, sondern „wissen, was dem Epikuros zu antworten", und es möchte ein zukünftiger Heine von den jüdischen Jungfrauen und Frauen der nächsten Generation nicht sagen können: „Es stehen am Berg die Ochsinnen", wenn man sie nach einem glänzenden Namen aus der jüdischen Geschichte fragt, — das ist doch kein unberechtigter Wunsch, und das Streben nach Realisirung desselben ist auch kein chimärisches Streben. Wenn übrigens ein practischer Schulmann uns entgegen treten sollte mit der Behauptung, unsere befürwortete Schule sei zu ideal gehalten, unser Unterrichtsziel sei in der Wirklichkeit nicht erreichbar, — gut, antworten wir ihm, wir wissen das und wir haben absichtlich das Ziel hoch gesteckt. Kann es nicht ganz erreicht werden, so soll darnach gestrebt und gerungen werden, und man wird doch Etwas erreichen. Ein Streben ist's, was wir zunächst mit unsern heutigen Worten herbeiführen wollen. Die Trägheit und die Interesselosigkeit ist's, die wir gerne aus dem Weg räumen möchten. Und mit dem deutschen Dichterfürsten sagen wir:

Dieser ist mir der Freund, der mit mir Strebendem wandelt;
Läßt er zum Sitzen mich ein, stehl' ich für heute mich weg.

Im Bisherigen glauben wir die Nothwendigkeit besonderer jüdischer Lehranstalten dargethan zu haben, und es liegt uns nun ob, von der rechten Organisation derselben zu reden. Die Mehrzahl der bestehenden jüdischen Tagschulen leisten Unvollkommenes, weil sie unzweckmäßig organisirt sind, und diese unzweckmäßige Organisation rührt zum Theil daher, daß man auf die Ansichten und Wünsche der betheiligten Eltern zu viel hört, selbst wenn diese Ansichten und Wünsche grundverkehrt sind. Viele Eltern nehmen nämlich allzufrühe ihre Kinder aus der Schule und versetzen sie allzufrühe in's thätige Leben, ein Umstand, der sehr beklagenswerth ist, und deßhalb treten sie dann mit der Forderung auf, daß ihre Kinder in zu frühen Jahren Unterricht in Gegenständen empfangen, die erst später gelehrt werden sollten. Aber kein Vater, welcher wünscht, daß sein Sohn oder seine Tochter eine einigermaßen gründliche Schulbildung erhalte, sollte vor dem sechzehnten

Jahre sein Kind dem Unterrichte entziehen. Die drei Jahre, welche auf das zwölfte Lebensjahr folgen, fallen in unterrichtlicher Beziehung schwerer in's Gewicht als die sechs Jahre, welche dem zwölften Lebensjahre vorhergehen.

Eine etwas verlängerte Schulzeit ist aber namentlich dann durchaus unerläßlich, wenn darauf gehalten wird, daß die Jugend auch in Gegenständen unterrichtet werde, (wie im Deutschen und Hebräischen,) die sonst in dem Lehrplane einer gewöhnlichen Schule nicht erscheinen. Bei solchen Forderungen dürfen die Eltern keinesfalls ihre Kinder aus der Schule nehmen wenn sie zwölf Jahre alt sind.

Hiermit hängt nun eine weitere Frage zusammen, die Frage: Soll der Unterricht in den drei Sprachen schon im sechsten Lebensjahre, in dem man die Kinder in die Schule zu schicken beginnt, sofort gleichzeitig angefangen und sollen dieselben ununterbrochen neben einander gelehrt werden, oder soll man in diesem Unterrichte mehr das Nacheinander als das Nebeneinander berücksichtigen?

Jeder, der die Entwickelung des Seelenlebens in dem heran= wachsenden Menschen beobachtet hat, wird wissen, daß im sechsten Jahre noch nicht die geistige Kraft vorhanden ist, um eine solche Masse Lehrstoff ohne Schaden aufnehmen zu können, und daß, wenn man dessenungeachtet mit einer allzuwuchtigen Masse von Unterrichtsstoff an das Kind herantritt, dasselbe in seiner geistigen Entwickelung nicht gefördert, sondern vielmehr gehemmt, oft gänz= lich erdrückt wird. Der Vortheil, der daraus erwächst, daß ein Kind schon in seinem sechsten oder siebenten Jahre ein großes Maß von positivem Wissen besitzt, ist nur scheinbar, und in Wahrheit oft das gerade Gegentheil von Vortheil. Die allzufrühe und allzurasche Geistes=Entwickelung erweist sich nicht selten als eine unverant= wortliche Geistes=Verkrüppelung, und die frühreifen Wunderkinder entpuppen sich später nicht selten als sehr stupide Menschen. Es ist daher die Pädagogik schon längst in Theorie und Praxis von dem

Gedanken abgekommen, daß der Werth des Kinderunterrichts nach der Summe des Wissens zu bemessen sei, das den Kindern beigebracht worden ist, und mit vollem Recht legt man mehr Werth auf die formale Seite des Unterrichts, d. h. auf Entwickelung und Stärkung der Geisteskräfte durch den Unterricht, denn auf dessen materiale Seite, d. h. auf Ansammlung eines großen Vorrathes von Kenntnissen im Geiste.

Die Schuljahre der Kinder sind naturgemäß in zwei Epochen getheilt. Es ist in der Regel das zehnte Lebensjahr, das einen Einschnitt in die Schuljahre macht. Ehe dieses Jahr erreicht ist, muß eine gesunde, vernunftentwickelnde und nicht vernunftmörderische Pädagogik darauf bedacht sein, daß nicht von außen heran eine allzugroße Masse von Lehrstoff dem Kinde eingetrichtert und eingepfropft werde, sondern daß man mehr von innen heraus die Geisteskräfte sich entwickeln lasse. Nach dem zehnten Lebensjahre sind die Anlagen des Kindes so gekräftigt, daß positives Wissen in größerer Menge aufgenommen werden kann.

Hier ist nun auch der rechte Zeitpunkt gegeben, wo man mit der Erlernung fremder Sprachen zu beginnen hat. Ein Kind, das drei oder vier Jahre lang in **einer** Sprache einen naturgemäßen Unterricht empfangen hat, wird die Elemente einer zweiten und dritten Sprache bald bewältigt haben, da nun ein festes Fundament gelegt ist, auf dem es an dem Gebäude seines Wissens stetig und sicher fortbauen kann.

Nehmen wir den Fall, es beginne ein sechsjähriges Kind zu gleicher Zeit deutschen, englischen und hebräischen Leseunterricht. Jahre gehen darüber hin, bis einige Sicherheit und Geläufigkeit erzeugt ist, und das Resultat wird gar nicht selten sein, daß das Kind in keiner der drei Sprachen je zur Meisterschaft gelangt. Nehmen wir dagegen an, das Kind beginne das Hebräisch=Lesen in seinem zehnten Jahre, nachdem es bereits vier Jahre lang englischen Leseunterricht in den städtischen Freischulen gehabt hat, so wird bei einer täglichen Unterrichtstunde das Kind in vier bis sechs Wochen geläufig und correct hebräisch lesen, und man kann dann auch in methodischer Weise zur Erlernung der hebräischen Sprachlehre schreiten, und auf einem Wege, der vor dem Richterstuhle der Unterrichtswissenschaft sich rechtfertigen läßt, das Verständniß des Hebräischen vermitteln. Aehnliches gilt vom Unterricht im Deutschen, der allenfalls wenige Monate vor oder nach dem Beginne des hebräischen Unterrichts seinen Anfang nehmen kann.

Nur wenn man die Richtigkeit dieser Ansichten anerkennt, und dieselben bei der Gründung einer israelitischen Schulanstalt berücksichtigt, läßt sich in einer Stadt, wie die hiesige ist, das Projekt einer allen Israeliten gleichmäßig zugänglichen Schulanstalt verwirklichen, und die unselige Zersplitterung der Kräfte, die leider in der Chicagoer Judenheit in manchen Beziehungen zu sehr sich geltend macht, auf diesem Gebiete vermeiden. Man hat im vorigen Winter in gewissen Kreisen sich mit dem Gedanken getragen, eine "Union School" zu errichten. Wir wollen die Motive nicht untersuchen, die plötzlich jene bezüglichen Bestrebungen veranlaßt haben. Aber aus Gründen, die in der Natur der Sache liegen, würde ich meinerseits niemals durch Rath oder That an der Gründung einer so gestalteten "Union School" mitwirken, bei der es nur darauf abgesehen wäre, eine Anstalt für Kinder von sechs bis zehn Jahren in's Dasein gerufen zu haben, und ich will es hier offen aussprechen, daß ich damals die löbliche Zionsgemeinde in einem schriftlichen Gutachten vor der Theilnahme an der Gründung einer — schädlichen Anstalt gewarnt habe. Meine damalige Warnung war eine emphatische, und wäre damals der Plan doch ausgeführt worden, — wohlan! Ich hatte jedenfalls gesprochen und meine Seele gerettet.

Sie fragen mich, ob ich damit nicht mit mir selbst, mit meinen oben dargelegten Ansichten in Widerspruch komme. Ich glaube nicht. Denn nicht bloß pädagogische, sondern auch anderweitige

Gründe sprechen gegen eine **derartige** Unionsschule, wie man sie seiner Zeit projectirt hatte. Wohin würde das Local derselben verlegt worden sein? Ohne Zweifel in die erste oder zweite Ward. Können nun sechs= oder achtjährige Kinder, deren Eltern südlich von der zwölften Straße oder gar bei'm Union=Park oder an Division=Straße wohnen, diese Schule besuchen? Oder selbst solche Kinder, die nur wenige Schritte westlich vom Südarme des Flusses oder nördlich vom Hauptarme desselben zu Hause sind? Schon der Thalmud berichtet über eine als zu Recht bestehende Anordnung, kleine Kinder nicht über einen Fluß zur Schule zu schicken, und der Tradent dieser Mittheilung, der spätlebende Raba, führt diese Anordnung bis in die zweite Tempelzeit zurück und nennt den Hohepriester Josua ben Gamla als denjenigen, der diese Verfügung getroffen. (Baba Bathra 21, a.) Eltern in unserer Zeit und in unsern Städten sind aber wenigstens ebensosehr gegen Unfälle ihrer Kinder besorgt, wie Eltern vor 1800 Jahren es in Jerusalem gewesen sind. Daher ist schon aus solchen practischen Erwägungen eine gemeinsame Kinderschule für eine so weitläufige Stadt, wie Chicago ist, nicht empfehlenswerth. Wenn es aber zur Regel gemacht würde, daß kein Kind unter zehn Jahren aufgenommen wird, und wenn, wie dies in vielen größern Städten gebräuchlich ist, die tägliche Unterrichtszeit von 9 bis 3 oder 4 Uhr dauern würde, — mit einer halbstündigen Pause in der Mittagsstunde, in der die Zöglinge in oder bei'm Schulgebäude etwas essen, — dann könnten auch entfernt wohnende Eltern ihre Knaben und Mädchen in diese Schule senden.

Bereits im vorigen Jahre, und seitdem wiederholt von der Kanzel, habe ich der löblichen Zionsgemeinde, einer wackern, für alles Gute empfänglichen, für alles Gute begeisterten Gemeinde in Israel, es an's Herz gelegt, eine solche höhere Schule — Bürger= schule, Realschule, Hochschule, oder wie man sonst sie heißen mag — zu gründen, resp. die bestehende Gemeindeschule anders zu organi=

siren und in eine „Hochschule" umzuwandeln, und dadurch ein Institut zu schaffen, das für die Gesammtjudenheit hiesiger Stadt von segensreichster Bedeutung werden würde. Die Zionsgemeinde besitzt ein ganz trefflich gelegenes und zweckmäßiges Schulhaus, das leicht selbst für eine mehrklassige jüdische „Realschule" oder „Hochschule" hergerichtet werden könnte. Ein zwölfjähriger Knabe könnte von allen Theilen der Stadt dahin gelangen, wie zwölfjährige Knaben und Mädchen aus allen Theilen der Stadt die in der Nähe gelegene „städtische Hochschule" besuchen. Die Hindernisse, die der Bethätigung des Gedankens im Wege stehen, sind allerdings sehr bedeutend. Doch wenn es überhaupt möglich ist, sie zu beseitigen, so werden gewiß die edlen und opferfreudigen Mitglieder der Gemeinde alles in ihren Kräften aufbieten, um sie aus dem Wege zu räumen, um den Gedanken zu verwirklichen, und ihre Pflicht der Jugend und dem Judenthume gegenüber in vollem Maße zu erfüllen. Möge man nicht durch die fortwährende Gründung neuer jüdischer Kinderschulen der Gründung eines "College" ein neues Hinderniß entgegen stellen! Denn die Möglichkeit für eine höhere Schule wird durch die vielen Kinderschulen nur geschwächt, da die Mittel und Kräfte, die für erstere verwendet werden sollten, den letztern unnöthiger und schädlicher Weise zugewandt werden.

Bei der Gründung einer solchen „Hochschule", die, wenn zweckmäßig geleitet, bald so gehoben werden könnte, daß sie ebensoviel und noch mehr als die hiesige „städtische Hochschule" leistete, wären etwa folgende Ideen zur Geltung zu bringen.

Die Schule enthält sechs Jahresklassen, und umfaßt Kinder vom zehnten Jahre an.

Die Anstalt ist grundsätzlich keine confessionelle, sondern bietet bloß die Möglichkeit dar, daß die Schüler derselben ohne Unterschied des Glaubens hebräisch lernen können, und gibt israelitischen Kindern die Gelegenheit, israelitischen Religions-Unterricht zu genießen.

Damit das Deutsche in gründlicher Weise Eigenthum der Schüler werde, und dieselben deutsches Deutsch und nicht etwa Pennsylvanisch-deutsch oder Jüdisch-deutsch sich aneignen, ist festzustellen, daß außer der deutschen Lese- und Sprachstunde in einem Theil der Realfächer das Deutsche die vermittelnde Unterrichtssprache sei, wie es in einem andern Theil dieser Fächer das Englische ist.

Es ist Sorge zu tragen, daß die Schülerinnen in der Anstalt Unterricht in den weiblichen Handarbeiten, im Stricken, Häkeln, Sticken, Nähen u. dgl. erhalten, und daß man auch nach dieser Seite Anforderungen Rechnung trage, die gar nicht mit Unrecht gestellt werden.

Für den Unterricht in jüdischer Religion und jüdischer Geschichte, für den in jeder Klasse zwei Wochenstunden festzusetzen wären, ließen sich für die sechs Jahresklassen folgende Klassenziele und folgender Stufengang bestimmen.

1. Klasse. Geschichten aus der biblischen Geschichte bis zum Tode Mosis. Sittengesetze, Lehren der jüdischen Religion über Gott und Menschen in katechetisch-entwickelnder Methode.

2. Klasse. Geschichten aus der biblischen Geschichte bis zum Bau des zweiten Tempels. Erweiterter Religionsunterricht; Sabbath und Feste.

3. Klasse. Pragmatische biblische Geschichte. Geographie Palästina's. Lesen historischer Abschnitte aus der Bibel. Systematischer Religionsunterricht nach einem guten Lehrbuch.

4. Klasse. Nachbiblische Geschichte der Juden bis auf die Gegenwart. Lesen von poetischen und prophetischen Abschnitten aus der Bibel. Geschichte des jüdischen Cultus.

5. Klasse. Einleitung in die heiligen Schriften. Umrisse der jüdischen Religionsgeschichte. Jüdisches Kalenderwesen und die Kunst seiner Berechnung.

6. Klasse. Jüdische Glaubens- und Sittenlehre in syste-

matischem Zusammenhange in ihrer im Menschengeiste ruhenden Begründung, mit steter Hinweisung auf die Thaten und Aussprüche aus jüdischer Vergangenheit, die theils stützend, theils als überwunden abzuweisen in reichlicher Fülle beizubringen sind.

Versuchen wir nun eine kurze stufenmäßige Feststellung des Unterrichts im Hebräischen in unserer, vorläufig bloß noch in der Idee existirenden jüdischen Hochschule. Aber wir haben dieser Skizzirung eines Stufenganges noch einige Bemerkungen voranzuschicken. Wie bisher das Hebräische gewöhnlich in den jüdischen Schulen betrieben worden ist, war es ein geistloser Mechanismus, und die Masse selbst sogenannter „frommer" Eltern war zufrieden gestellt, wenn sie sahen, daß ihre Kinder mit einiger Geläufigkeit das Hebräische mechanisch lesen konnten. Dazu kam noch, daß man allzufrühe mit dem Hebräischen begann, und dadurch das Kind ganz mit Unterrichtsmassen erdrückte oder mindestens niederdrückte, ein Verfahren, das wir oben schon genügend beleuchtet haben. Was war und ist die Folge dieser Unterrichtsweise? Antwort: Daß die Mehrzahl der Schüler den hebräischen Unterricht als eine Marter betrachten, zu dem sie von Vornherein Unlust mitbringen, in dem sie selbst bei den größten Anstrengungen nur ein sehr niedrig gestelltes Ziel erreichen, und zu dem sie, wenn sie die Schule verlassen haben, gewiß nie wieder zurückkehren. Wir müssen das Unterrichtsziel höher stecken; wir müssen den hebräischen Unterricht formell und materiell fruchtbar zu machen uns bemühen. Sowie man mit vollem Rechte bedeutenden Werth legt auf die Kenntniß des klassischen Alterthums und seiner Sprachen, des Lateinischen und Griechischen, so muß mit noch mehr Nachdruck von israelitischer Seite Werth auf das Studium des hebräischen und jüdischen Alterthums, seiner Sprache und Literatur gelegt werden. Es muß dahin gearbeitet werden, daß die unter „Orthodoxen" und „Reformern" herrschende Mißachtung des Hebräischen aufhöre, und daß man allgemein eine größere oder geringere Kenntniß des Hebrä=

ischen in der Bildung des Israeliten als nothwendigen oder mindestens als wünschenswerthen und schönen Bestandtheil ansehe. Wir fordern zu diesem Behufe:

a) Beginn des hebräischen Unterrichts nicht vor dem zehnten Jahre;
b) Fortsetzung des hebräischen Unterrichts bis zum sechzehnten Jahre;
c) Täglich eine Unterrichtsstunde, in jeder Klasse also fünf Stunden in der Woche;
d) Unterricht nicht in herkömmlicher mechanischer Weise, sondern nach den Vorschriften neuerer Methodik und Didaktik.

Folgender kurze Stufengang für den hebräischen Unterricht in den verschiedenen Klassen möge eine Andeutung davon geben, was wir in demselben angestrebt sehen möchten.

1. Klasse. Hebräisch-Lesen. Uebersetzen einer Auswahl von Kapiteln aus dem Pentateuch. Hebräische Pronomina, Präpositionen und Nomina mit Suffixen.

2. Klasse. Fortsetzung der Uebersetzungen aus dem Pentateuch. Das regelmäßige Zeitwort im Kal, das bis zur größten Fertigkeit und Sicherheit einzuüben ist.

3. Klasse. Uebersetzungen aus den übrigen historischen Büchern der Bibel. Das ganze regelmäßige Zeitwort. Anfang der Lehre von den unregelmäßigen Zeitwörtern. Lesen von unvokalisirtem Hebräisch.

4. Klasse. Leichtere Psalmen und prophetische Abschnitte. Fortgesetzte hebräische Sprachlehre mit Analysirübungen. Uebersetzung geeigneter Aufgaben aus dem Deutschen oder Englischen in's Hebräische.

5. Klasse. Rabbinische Literatur, z. B. aus der Mischnah den Tractat Aboth und eine Auswahl von Stellen aus Berachoth, Seder Moed und Seder Nesikin; Einleitung zu Bechai's Choboth ha-Lebaboth, Maimonides' H. Jesode ha-Thorah oder H. Theschubah, oder sonstiges Geeignete aus der ethischen und populär-theologischen Literatur des Mittelalters; Stellen aus rabbinischen Commentaren zur Bibel, etwa Raschi zu einigen Abschnitten u. s. w.

5. Klasse. Die Entwickelung irgend eines Punktes in der Halachah wird, soweit es in einer solchen Schule thunlich, genetisch-historisch aus den Quellen verfolgt, etwa dadurch, daß man rückschreitend mit einem Siman aus dem Schulchan Aruch beginnt, durch Tur und Rambam zum Thalmud sich wendet, und endlich an die biblische Stelle gelangt, die als die letzte geschriebene Quelle gegeben ist, oder indem man von der biblischen Quelle ausgeht, und die bezügliche Weiterentwickelung in Mischnah, Gemara und Codices bis zur spätesten Gestaltung herab verfolgt. Dadurch wird dem Schüler nicht bloß Kenntniß, sondern auch die große und fruchtbare Erkenntniß zu Theil, daß oft spätere jüdische Satzungen „Bergen, die an einem Haare hängen," zu vergleichen sind, und in der besten Weise wird er in einen wichtigen Theil jüdischer Literaturkunde eingeführt.

Nur so ist es möglich, das hebräische Studium in unserm Lande zu Ehren zu bringen. Nur so ist es möglich, bei den Juden Amerika's Kenntniß ihrer herrlichen Religion und ihrer reichen Religionsquellen zu vermitteln. Lasset einmal eine Reihe von Jahren eine Anzahl solcher „Hochschulen" bestanden haben, wie wird dann die finstere Wolke jüdischer Unwissenheit geflohen sein, wie wird dann ein günstiger Boden bereitet sein in unsern Landen nicht bloß für die Prosperität der Juden, sondern auch des Judenthums! Ja,

„Dann zerrinnt vor dem wundernden Blick der Nebel des Wahnes,
Und die Gebilde der Nacht, sie weichen dem tagenden Licht."

Demjenigen, der uns bisher gefolgt ist, wird inzwischen manches Bedenken aufgestiegen sein. Und uns, den Befürwortern solcher jüdischen Hochschulen, liegt es ob, auf dieselben zu antworten. Zuvörderst: Ist ein solcher Cursus, wie er oben entworfen worden, möglich? Und wird der Schüler bei einem so extensiven Unterrichte im Hebräischen nicht in andern, mehr nothwendigen Fächern verkürzt werden? Lasset uns sehen:

Wir vertheilen den Unterricht in den Klassen in folgender Weise:

Klassen:	1.	2.	3.	4.	5.	6.
Jüdische Religion u. jüdische Geschichte	2	2	2	2	2	2
Hebräisch	5	5	5	5	5	5
Deutsch (Lesen, Schreiben, Sprachlehre)	10	8	6	6	5	5
Englisch	8	8	6	6	5	5
Rechnen	4	4	4	2	2	2
Geometrie	..	..	..	3	2	2
Geographie	1	2	2	..	..	..
Geschichte	..	..	2	2	2	2
Naturkunde	..	..	..	2	2	2
Französisch	..	..	..	..	4	4
Zeichnen	..	..	2	2	2	2
Gesang	..	1	1	1	1	1
Wochenstunden:	30	30	30	31	32	32

Man sieht, daß in Gemäßheit dieses Lehrplanes dem hebräischen Unterricht ohne Nachtheil für andere Lehrfächer vollkommene Gerechtigkeit werden kann. Dispensirt man nun etwa die Mädchen vom Unterricht in der Geometrie und in den vier höhern Klassen vom Hebräischen, und verwendet man die gewonnenen Stunden dahin, daß man ihnen in weiblichen Handarbeiten Anleitung geben läßt, so läßt sich auch in diesem Gebiete etwas leisten.

Und wo sollen solche Schulen errichtet werden? Und wie viele soll man in's Dasein rufen?

Derartige jüdische Schulen könnten und sollten in allen amerikanischen Städten bestehen, in denen die Anzahl der in ihnen lebenden Juden ihre Existenz möglich macht. Nicht bloß in Chicago, sondern in New-York, Albany, Philadelphia, Baltimore, Cincinnati, Louisville, St. Louis ꝛc. ꝛc. sollte man ernstlich an e Errichtung solcher Schulen Hand anlegen. Für jede Stadt, und sei ihre jüdische Bevölkerung noch so zahlreich, genügt eine einzige Schule. Werden die Klassen überfüllt, so errichtet man Parallelklassen. Drum muthig an's Werk! Ist es nothwendig, daß man für dasselbe die bereits bestehenden Kinderschulen opfere, zaudert nicht und opfert sie!

Wird aber eine solche höhere Schule finanziell möglich sein? Zum Kriegführen und zur Errichtung solcher Anstalten braucht man drei Dinge: Geld, Geld, Geld! Und wo soll dies herkommen? Und gesetzt auch, man effectuire die Gründung einer solchen Anstalt, kann sie fortbestehen, wenn sie nicht "self supporting" sein wird, d. h. wenn sie nicht aus dem Schulgeld und aus allenfallsigen sonstigen Einkünften sich selbst erhält?

Wir sind ein Feind aller Tiraden und aller hohlen Declamation, und wir haben es darum immer mit concreten Verhältnissen, mit reellen Facten zu thun. Unsere Auffassung der Thatsachen mag zuweilen irrig sein, aber es sind doch immer wirkliche Thatsachen, von denen wir reden, und unsere Darlegung besteht hoffentlich nicht aus leeren Wortschalen und inhaltslosen Phrasen. Um nun auf das finanzielle Bedenken einzugehen, nehmen wir auf die Thatsachen, wie sie in hiesiger Stadt gegeben sind, vorzugsweise Rücksicht, da wir dieselben besser kennen als die in einer anderen Stadt.

Nehmen wir an, es seien sechs Lehrer an der hier zu gründenden Anstalt angestellt, deren Salär zusammen auf 9,000 Doll. sich belaufe, und es seien außer den Lehrergehalten jährlich noch 1,000 Dollars zu verausgaben. Man hat sodann ein Ausgabenbudget von 10,000 Dollars.

Mehr als diese Summe wird durch das von den Schülern zu zahlende Lehrgeld beschafft. Wir setzen eine niedere Schülerzahl, wenn wir sagen, daß unsere vorgeschlagene Chicagoer jüdische Hochschule von mindestens 300 zahlungsfähigen Schülern besucht werden wird. Denn die Verwaltungsbeamten der Schule und ihre

— 26 —

Lehrer werden die Anstalt zu einer Musteranstalt gestalten, zu einer A No. 1 Schule, um eine amerikanische Ausdrucksweise anzuwenden, und jeder jüdische Vater in dieser Stadt und im ganzen Nordwesten wird es sich angelegen sein lassen, seinen Sohn oder seine Tochter in diese Schule zu senden. Aermere Schüler werden natürlich frei unterrichtet, und hochsinnige vermögende Israeliten werden noch für Stipendienfonds bedacht sein, aus denen solche mittellose und würdige Schüler Unterstützung an Büchern und sonst empfangen. Zahlt nun jeder der 300 zahlungsfähigen Schüler 50 Dollars Schulgeld per Jahr, so haben wir eine Einnahme von 15,000 Doll., und anstatt eines Deficits haben wir einen Jahresüberschuß von 5,000 Dollars.

Daß $50 Schulgeld unter jetzigen Verhältnissen gering ist, gibt Jeder zu, der sie kennt. Lasset diejenigen Eltern antworten, die ihre Töchter, wie es in Chicago oft vorkommt, in katholische Klosterschulen senden, welche Unterrichtsgebühren sie daselbst zu zahlen haben. Erkundigt Euch nach den Lehrgeldern, die man in Privatschulen dieser Stadt und anderer amerikanischer Städte sich zahlen läßt, und — wenn Ihr es noch nicht wisset, so werdet Ihr es dann erfahren, daß unsere Anstalt auch in dieser Beziehung Euren Academies und Seminaries und Colleges und Select Schools den Rang abläuft, d. h. weit billiger ist.

Aber wir haben die Hoffnung, daß endlich auch die Reichen unter unsern Glaubensbrüdern zu wahrhaft liberalen Stiftungen für solche Anstalten sich willig und großherzig werden finden lassen, und dadurch es ermöglichen werden, daß unsere hier empfohlene Anstalt eine „Freischule" werde. Wie sind denn in alten Zeiten die Jeschiboth, die Klausschulen rc. entstanden? Durch Stiftungen und Vermächtnisse. Im Jahre 1774 vermachte Beitel Heine Ephraim in Berlin ein Legat für ein Beth ha-Midrasch, und heute noch gibt jenes Legat die Mittel her zur Pflege und Mehrung jüdischen Wissens. Im Jahre 1801 stiftete der edle Israel

Jacobson durch seine fürstliche Munificenz — er brachte ein Opfer von mehr als 100,000 Thalern — die Bildungsanstalt für unbemittelte jüdische Kinder in Seesen, und heute noch blüht diese Anstalt, und verbreitet weithin ihren Segen. Der im Jahre 1846 verstorbene Kaufmann Jonas Fränkel in Breslau hinterließ außer mehreren andern wohlthätigen Stiftungen die Summe von 100,000 Thalern zur Errichtung eines jüdisch-theologischen Seminars, und es läßt sich annehmen, daß noch nach Jahrhunderten diese Pflegestätte jüdischer Wissenschaft blühen und segensreich wirken wird. Selbst für Schulen in weit entfernten Gegenden haben Edle in Israel ihre großartigen Summen dahin gegeben. Die Frau Elise Herz in Wien vermachte für Schulen in Jerusalem 50,000 Gulden, der edle Albert Kohn in Paris gründete unter bedeutenden persönlichen Mühen und mit hochherziger Freigebigkeit Schulen in der Levante, in Syrien und in Nordafrika Ein Verzeichniß solcher großsinnigen Israeliten könnte noch lange, lange fortgeführt werden. Verdient das Beispiel, das sie gegeben haben, nicht Nachahmung?

Oder wenn Ihr, Israeliten Chicago's, nicht in so weiter Ferne die Männer suchen wollt, die Euch in Liberalität zum Muster vorgestellt werden sollen, so erkundigt Euch einmal, welche wahrhaft königlichen Summen christliche Mitbürger dahier für die „theologischen Seminare" ihrer betreffenden Confessionen ausgesetzt haben! Fraget, welche Summen McCormick, Scammon, Carpenter, Moseley u. A. für Schulzwecke ausgesetzt haben! Wollet Ihr Euch nicht an diesen ein Beispiel nehmen? Ihr, meine Glaubensbrüder, gehört ja doch dem „auserwählten Volke" an und lobet Gott täglich für die Erwählung Israels. Wohlan denn! Zeiget Euch in der That als Glieder eines von Gott erwählten, eines von Gott hochgestellten Stammes! Zeiget es dadurch, daß ihr Euch selbst hochstellet durch glänzende Thaten.

Ich richte meine Worte an die Gesammtjudenheit Chicago's. Die wackere und strebende Gemeinde in der Westdivision der Stadt, die löbliche Zionsgemeinde, hat allerdings die Absicht, eine höhere jüdische Schule zu errichten. Allein das Werk möchte ihr vielleicht doch zu schwer sein und ihre pecuniären Kräfte übersteigen. Darum appelliren wir an alle Israeliten der Stadt. Sollte es auch nicht zu erwarten sein dürfen, daß wir jüdische Crösusse mit jüdischen Herzen unter uns haben, — auch bei den deutschen Kaiserkrönungen hörte man nicht immer ein: Hier! auf den Ruf des Herolds: Ist kein Dalberg da? — so ist doch nicht abzusehen, warum sich nicht durch die vereinten Anstrengungen aller Gemeinden und aller Glaubensschattirungen eine Anstalt sollte gründen lassen, die der Stolz der Judenheit Chicago's sein müßte; eine Anstalt, an der ausgezeichnete Lehrkräfte wirken könnten, und aus der ausgezeichnete Schüler hervorgehen würden. Vor einigen Jahren war die Judenheit hiesiger Stadt auch noch in Bezug auf Wohlthätigkeitsübungen sehr zersplittert. Da legte eine hiesige Zweiggesellschaft des Bene Berith Ordens, die Ramahloge, indem sie zu einer Convention von Delegaten aller hiesigen israelitischen Wohlthätigkeitsvereine die Aufforderung ergehen ließ, den Grundstein zur "United Hebrew Relief Association", und wahrlich! „aus der Kräfte schön vereintem Streben" erwuchs ein Institut, auf das die hiesigen Israeliten mit Recht stolz sind. Dringender noch als die genannte U. H. R. A. ist eine solche Anstalt, zu deren Bild wir hier einige Linien geliefert haben. Wird man sich dazu einigen? Werden die Opfer, die dazu nöthig sind, gebracht werden? Antwortet Ihr, Ihr Glaubensbrüder, die Ihr mit irdischen Glücksgütern reichlich gesegnet seid! Antwortet Ihr, Ihr Hochherzigen, die Ihr ja so willig Eure freudigen Opfer bringet, wenn es ein schönes und lobenswerthes Unternehmen gilt! Antwortet Ihr, Ihr Bemittelten, die Ihr ja selbst große Opfer bringet für Anstalten, die in ihrem Wesen und ihren Zwecken durchaus nicht zu der Höhe der Bedeutung hinauf ragen, die eine solche Schule einnehmen würde! Ja, werden die Opfer gebracht werden?? Wenn unsern frommen „Orthodoxen"

die „Thorah" und das „Thorahlernen" in Wahrheit am Herzen
liegt, und wenn unsern frommen „Reformern" Liebe zum und Be=
geisterung für's Judenthum in Wahrheit keine fremdgewor=
denen Gefühle sind, dann werden sie gebracht werden — dai
wehother!

Wir machen nach dieser Appellation an unsere hiesigen Glau=
bensgenossen eine Pause. Wir möchten gerne von unsern freund=
lichen Hörern (und resp. unsern freundlichen Lesern) wünschen,
daß auch sie eine Pause machen, daß sie die ihnen hier achtungsvoll
unterbreiteten Gedanken erwägen, berücksichtigen und dann — in
Gemäßheit derselben handeln möchten. Sind keine Männer da,
die „Schwärmers Ernst mit Weltmann's Blick" vereinigen? Ja,
es sind solche da, wir freuen uns dieser Edlen und Begabten, wir
sind stolz auf sie, und von ihnen erwarten wir, daß sie den Ball in
Bewegung setzen werden.

Da wir einmal das Wort über jüdisches Schulwesen in Ame=
rika genommen haben, so möge es uns verstattet sein, unsere An=
sichten über projektirte Lehrerseminare und theologische Facultäten
mit aller Achtung vor den manchen bedeutenden Stimmen, die zu
Gunsten derselben sich haben vernehmen lassen, hier noch vorzu=
tragen.
Alle Versuche, Seminare oder theologische Facultäten, oder
gar — Universitäten für Juden in Amerika zu gründen, werden
sich so lange als in die Luft gebaut erweisen, so lange man nicht in
den einzelnen größeren Sammelpunkten jüdischer Bevölkerung für
bessern elementaren Unterricht im Hebräischen sorgt. Erst wenn ein
Knabe den hebräischen Cursus durchgemacht, wie wir ihn oben
flüchtig entworfen, wird er genügend vorbereitet sein, um mit Vor=
theil einen höheren hebräischen Unterricht empfangen zu können.
Bisher fehlte aber den jüdischen Jünglingen so ziemlich alle Gele=

genheit, einen solchen propädeutischen Cursus zurückzulegen, und es kommen daher die Versuche zur Errichtung von Seminaren für die Ausbildung von Lehrern und Rabbinern noch um ein Jahrzehnt oder zwei zu früh. Dann fehlen auch heute noch in der amerikanischen Judenheit alle Triebfedern, welche jüdische Jünglinge zur Wahl des Lehrer- oder Rabbinerberufes bestimmen könnten. Anderwärts und in frühern Zeiten war das Studium der jüdischen Theologie nicht ein Spaten, um damit zu graben, sondern Selbstzweck. Fromme Eltern ließen ihre Söhne eine Jeschibah besuchen, ohne auch nur im Entferntesten daran zu denken, daß die Thorah die Kuh sein solle, die Den, der sich mit ihrem Studium beschäftige, mit Butter versorge. Es galt, eine Mizwah zu erfüllen. Solche ideale Denkungsweise ist in unserer Zeit nicht vorhanden, und am wenigsten in Amerika, und es wird darum die Wahl des Lehrer- oder Rabbinerberufes nur von wenigen Jünglingen oder resp. deren Eltern getroffen werden, da ja hier alle möglichen Bahnen dem jungen Manne offen stehen, und eine mercantile oder industrielle Laufbahn in der Regel viel lucrativer ist als die mühevolle und undankbare Stelle eines jüdischen Lehrers oder Theologen. Dennoch mag sich, wir wollen es hoffen, dann und wann ein begabter, edelgesinnter, von idealen Anschauungen erfüllter Jüngling finden lassen, voll innern Dranges und Berufes für das Studium der jüdischen Theologie. Einem solchen muß es Seitens der wohlhabenden jüdischen Amerikaner möglich gemacht werden, daß er, nachdem er hier in den Schulen des Landes oder durch Privatbelehrung den grundlegenden Unterricht genossen, seine theologischen Studien in Europa fortsetze. Einzelne müssen auftreten oder Vereine mit dem Zweck, den der jüdischen Theologie beflissenen jungen Männern durch genügende Stipendien ihre Studien zu ermöglichen, sie nach Berlin oder in eine sonstige geeignete Stadt zu senden, in der sie dem Studium der jüdischen Wissenschaft obliegen können, und sie daselbst zu unterstützen. Das ist's, was nach unserm Dafürhalten unter den jetzigen Verhältnissen für die in Rede stehende Angelegenheit zu thun ist.

Wir nannten Berlin als einen Ort, wo unsere jüdischen Theologen in spe ihre theologische Ausbildung empfangen könnten und sollten. So weit uns aus der Ferne eine Kenntnißnahme der Verhältnisse möglich ist, ist Berlin in unseren Tagen eine der besten Städte, um jüdisches Wissen sich zu sammeln. Wir erwähnen bloß, daß daselbst Zunz, Steinschneider, Lebrecht, Haarbrücker u. A. leben und — lehren (in der erwähnten Ephraim'schen Lehranstalt). Wir gedenken ferner des Umstandes, daß man dort rein objectiv die Wissenschaft pfleget und lehret, ohne alle tendenziösen Nebenrücksichten und ohne alle dogmatische Befangenheit und pastoralkluges Schweigen und Verschweigen. Pastoralklugheit ist aber nicht immer eine Tugend, sondern zuweilen sogar eine Unsittlichkeit. Auch Breslau, auch Wien sind deutsche Städte, in denen jüdische Theologen von wissenschaftlicher Eminenz lehren, und in denen darum der angehende jüdische Theologe mit Vortheil für sein Wissen wird studiren können. Alle Achtung vor dem gelehrten Dr. Frankel. Wer von dem Verfasser des Darche ha-Mischnah und zahlreicher anderer bedeutender Werke und Abhandlungen Unterricht erhalten hat, der hat jedenfalls Gelegenheit gehabt, etwas Tüchtiges zu lernen. Seine Schriften wird Niemand, der sich mit den Gegenständen derselben beschäftigen will, ohne Vortheil lesen, selbst wenn die Kritik in Methode und Stoff derselben Manches zu tadeln Veranlassung findet. Alle Achtung vor dem fleißigen Dr. Grätz. Wer eine so umfängliche Geschichte der Juden zu schreiben im Stande ist, wie Grätz sie unternommen, der wird ohne Zweifel auch seinen Hörern ein Lehrer sein, auf den diese später mit dankbarer Erinnerung werden zurückblicken können. Seine voluminöse Geschichte ist zwar kein Werk auf das wir als das Jdeal eines jüdischen Geschichtswerkes hinweisen können, sondern wir befürchten sogar, daß es das Erscheinen eines besseren großen Werkes auf lange Jahre hinaus wird erſchwert oder gar unmöglich gemacht haben.* Dennoch geſtehen wir gerne ausgezeichnete Gelehrſamkeit und unermüdlichen Sammlerfleiß dem Verfaſſer zu, und ſeine Schüler werden gewiß vieles ſubſtanzielle Wiſſen von ihm und durch ihn erhalten. Alle Achtung vor den Herren J. H. Weiß, dem gelehrten Herausgeber der Sifra und Mechiltha, M. Friedmann, dem kundigen Commentator des Sifre, A. Jellinek, dem tüchtigen Herausgeber des Sam=

---

* Die Gräß'ſche Geſchichte hat eine ziemliche Verbreitung in Amerika gefunden, und Mancher mag unſer Urtheil ungerecht und ungerechtfertigt finden. Dieſen gegenüber erlauben wir uns folgende Bemerkungen, die allerdings an dieſem Orte kurz gehalten ſein müſſen.

1. Schon der kläglich Styl und die oft wahrhaft an's Niedrige ſtreifende Ausdrucksweise bezeugen, daß die jüdiſche Geſchichte noch lange nicht in Grätz ihren Macaulay gefunden, ja noch nicht einmal ihren Schloſſer oder Sybel oder Mommſen. Um nur ein Beiſpiel anzuführen, ſo ſchlagen wir ganz nach Zufall auf VIII., 338, und wir finden da mitgetheilt, daß „Männer und Frauen ſich in augenaufreißenden Staat geworfen haben." Solchen ſtyliſtiſchen Muſterſchönheiten begegnen wir zu Hunderten.

2. Der Geſchichtsſtoff iſt gar ſchlecht gruppirt; Zuſammengehöriges iſt zerriſſen, und das Ganze macht den Eindruck loſe an einander gereihter, ſcenartiger Geſchichtslarven. Wahrlich, die Geſchichtſchreibung iſt eine Kunſt, und deß wird man ſich auf's Neue bewußt, wenn man Grätz lieſt.

3. Das Werk iſt nicht frei von ſachlichen Irrthümern. Der Verfaſſer hat eine eigenthümliche Liebhaberei an nebelhaften, hypothetiſchen Annahmen, für die oft der Grund nur in ſeiner Phantaſie und Willkür zu ſuchen iſt. In dieſer Beziehung haben Autoritäten erſten Ranges, wie Geiger, Steinſchneider, Wiener u. A. vieles Irrige nachgewieſen. Prof. Steinthal nennt einmal [Ztſchr. für Völkerpſychologie, II., 113] den gewiß gelehrten Heinr. Ewald „ſchrullenreich." Mit noch größerm Rechte mag man dem Werke des Hrn. Grätz dieſes Beiwort beilegen können.

4. Es wird viel zu ſehr, faſt ausſchließlich auf die äußerlich zu Tage tretenden Thatſachen der Geſchichte Rückſicht genommen. Auf das innere Leben, auf die in der Tiefe gährenden geiſtigen Kräfte, welche jene Thatſachen erſt zu Tage treiben, wird ſelten der Blick gerichtet. Man ſucht auch vergebens nach Belehrung über Familienleben bei den Juden, über gottesdienſtliche Formen, Schulweſen u. dgl. Dem volkspſychologiſchen Moment iſt keine Berückſichtigung zu Theil geworden.

5. Eine genetiſche Geſchichte der Dogmen und Bräuche, einen Nachweis, wie gewiſſe Anſichten, Sitten, Ceremonieen entſtanden ſind, wie ſie ſich weiter verzweigt und als cauſale Mächte in der Formation anderweitiger Erſcheinungen und Producte mitgewirkt haben, enthält das Werk nicht. Was Gr. von dem Verfaſſer des Jochaſin ſagt, [„die geiſtige Bewegung in der Geſchichte ahnte Zacuto nicht," VIII., 387,] das gilt auch vollkommen von ihm ſelbſt.

melwerkes Beth ha-Midrasch und Verfasser vieler interessanten Monographieen über Gegenstände aus der rabbinischen Literatur. Sie sind heimisch auf „dem großen und breithändigen Meere" des Thalmud's, auf dem weiten Gebiete rabbinischer Literatur, und wer sich unter ihrem Steuer hinausbegibt in dieses große Meer, wird sicher in den Hafen jüdischen Wissens einlaufen. Dennoch aber weht in Berlin in vielfacher Hinsicht eine gesündere Atmosphäre als in Breslau oder Wien, und für jüdische Studenten aus Amerika dürfte erstgenannte Stadt eher zu empfehlen sein.

Wenn man uns nun weiter entgegnet, ob das Alles sei, was wir als Opfer für Pflege höherer jüdischer Wissenschaft von amerikanischen Juden verlangen, daß man nämlich hierländische jüdische Studenten in Europa sich ausbilden lasse, ob wir nicht der Ansicht seien, daß sich die amerikanische Judenheit von ihrer Abhängigkeit von Deutschland emancipiren müsse u. s. w., so antworten wir Folgendes. Freilich sollte auch in unsern Landen selbst eine bedeutende Stätte geschaffen werden, in der die jüdische Wissenschaft unabhängig von irgend welchem Rabbinenamte zu pflegen sei. Wir denken uns die Sache so. Durch die Munificenz reicher Israeliten könnten einige Professuren am Columbia-College in New York geschaffen werden, zunächst eine für hebräische und die verwandten semitischen Sprachen und Literaturen, dann eine für thalmudische und rabbinische Literatur. Daraus könnte dann nach einigen Jahrzehnten eine jüdisch-theologische Facultät sich bilden. Vorläufig aber würden diese Stellen für ihre Inhaber gewissermaßen Sinecuren sein, da sie vor leeren Bänken zu dociren hätten. Dieser Umstand sollte aber keinesfalls abhalten, die genannten Lehrstühle zu creiren und mit bedeutenden Männern zu besetzen. Freilich wäre dies am Ende eine Art Beth ha-Midrasch, aber doch in neuer, zeitgemäßer, veredelter Gestalt. Abgesehen davon, daß diese Professuren einen lichtvollen Reflex auf die jüdische Masse zurückwerfen würden, aus der ihre Gründung und Erhaltung hervorgegangen, (indem diese Masse dadurch thatsächlich beurkundet, daß sie nicht gänzlich absorbirt ist vom materiellen Treiben des Tages und der oft so hohlen Vergnügungssucht, und indem schon durch das bloße Bestehen solcher Lehrstühle ein besserer Sinn, ein Sinn für Wissenschaft, eine Schätzung ihrer Träger und Pfleger genährt wird,) — abgesehen davon könnten die Inhaber der Lehrstühle, selbst wenn ohne amtliche Beschäftigung, schriftstellerisch segensreich wirken. Für eigentlich strenge Wissenschaft ist allerdings Amerika aus äußerlichen Gründen jetzt noch ein ungünstiger Boden. Gelehrte Werke, wie Zunz, Munk, Luzzatto u. A. sie veröffentlicht haben, konnten nur da geschrieben werden, wo man Zugang zu großen Bibliotheken und ihren Manuscriptenschätzen hat. Dennoch aber gibt es in der jüdischen Literatur noch manche Lücke zu füllen, die amerikanische Gelehrte, wenn man ihnen die nöthige Muße verschaffte, ebensogut ausfüllen könnten, wie europäische. Es mangelte uns bisher ein nicht bloß für den gelehrten Fachmann geschriebenes, sondern auch für den gebildeten Laien zugängliches und genießbares Handbuch der jüdischen Geschichte. Warum sollte ein solches Handbuch nicht auch aus der Feder eines amerikanischen Sachkenners hervorgehen können? Erst in neuester Zeit haben wir ein vortreffliches Werk, wie wir es wünschen, — das Erste dieser Art — von Dr. Geiger erhalten, dessen „Judenthum und seine Geschichte". Diese Lücke wäre also gefüllt. Aber wo ist die Geschichte der jüdischen Literatur, das Werk, das mit sicherer und sachverständiger Würdigung die Zeitalter und die Werke characterisirte, das gegenseitige Verhältniß und die äußere und innere Abhängigkeit der Schriftsteller und der Schriften nachweise, das Bedeutende in's rechte Licht und das Nichtsbedeutende in den rechten Schatten stellte? Noch ist ein Gervinus für die jüdische Literatur nicht erschienen. Noch besitzen wir weder eine populäre noch eine gelehrte jüdische Literaturgeschichte. Steinschneider's sehr lehrreiche „Jewish Literature" macht keinen Anspruch darauf, ein solches würdigende Handbuch zu sein, und faßt vorzugsweise äußerliche und bibliographische Verhältnisse in's Auge. In diesem Gebiete hat sie aber vieles Dunkel aufgehellt, vieles neue Licht verbreitet. Dieses Buch hätte in Amerika nicht geschrieben werden können. Warum aber sollte ein Handbuch, wie wir eben angedeutet, hier nicht an's Licht treten können? Und so gibt es noch manches Andere, das hier schriftstellerisch seine Vertretung finden könnte.

Diese Darlegung erinnert uns aber daran, daß es uns noch sehr an einem Publikum fehlt, das solche literarische Producte auf= nehmen, deren Erscheinung möglich machen würde. Wir wissen, daß in den Pulten ganz eminenter theologischer Kräfte in diesem Lande schon seit Jahren Manuscripte schlummern, die an den Tag treten zu lassen heilige Pflicht derer wäre, welche Willen und Kräfte dazu haben. Wir wissen, daß eine vortreffliche jüdische Monats= schrift, die in die Gestaltung des amerikanischen Judenthums segens= und bedeutungsvoll eingegriffen hat, aus Mangel an Theilnahme Seitens eines apathischen Publikums hat zu erscheinen aufhören müssen. Ihr fraget, ob nichts zu thun sei für Förderung jüdisch=wissenschaftlicher Interessen? Sehet, hier ist Rhodus, hier tanzet! Tretet vor, ihr Mäcene, und schaffet den Erstlingspflan= zungen einer bessern jüdischen Literatur in Amerika einen günstigen Boden, damit nicht die Keime derselben von Vornherein elendiglich zu Grunde gehen. Ihr fraget: Soll denn ewig dieser werthlose trash, der bei uns erscheint, das amerikanische Judenthum schänden, und soll es niemals zu bessern schriftstellerischen Leistungen bei uns kommen? Ihr fraget, wenn wiederum ein neues Erzeugniß einer amerikanisch=jüdischen Feder Euch in's Haus gelanget, mit den Worten des Königs Achisch: Fehlt es uns denn an Unsinnspro= ducten, daß man auch dieses noch in's Haus uns bringet? So fraget Ihr und seid vielleicht für einen Augenblick wirklich indignirt. Aber was thut Ihr denn, um es anders zu machen? —

Was die Behauptung betrifft, wir sollten uns von dem deut=

schen Judenthum emancipiren und unsere Unabhängigkeit proclamiren, so sagen wir: Wehe uns, wenn wir jetzt von deutschem Judenthum und seinen Einflüssen uns frei machen würden! Wie im Mittelalter die Sonne jüdischer Wissenschaft erhaben und herrlich in Spanien leuchtete, und wie aus jenen vergangenen Jahrhunderten die Strahlen dieser Sonne erhellend und erwärmend noch in unsere Gegenwart hereinfallen, so steht nun diese Sonne am deutschen Himmel und sendet von da aus ihr wohlthätiges Licht zu allen Juden und jüdischen Gemeinschaften, die unter den modernen Culturvölkern zu finden sind. Deutschland ist an die Stelle Sesarad's getreten. Nun verschließe man sich einmal vor den deutsch-jüdischen Influenzen! An den paar sogenannten portugiesischen Gemeinden des Landes, auf die nur mittelbar und schwach eine Einwirkung von deutschem Judenthum sich geltend macht, kann man es sehen, welches die Folgen dieser bewußtvoll eingenommenen isolirten Stellung sind. Würde dieses Sichabwenden von Deutschland in größerm oder gar in allgemeinem Maße statt finden, so würde entweder das amerikanische Judenthum in orthodoxe Verknöcherung versinken oder in nihilistischer, übermüthig-roher Bar-Room-Weisheit seinen Ausdruck finden. Aber diese künftige Orthodoxie und diese künftige nihilistische Weisheit würden einen ganz eigenthümlichen Character haben, würden ächt native american sein. Die Orthodoxie würde eher einem gefühlsschwärmerischen Methodismus oder einem finsterstrengen calvinistischen Puritanismus oder einem prunkvollen bischöflichen Hochkirchthum gleichen, denn einem gesetzestreuen Judenthum, das sich mit Thalmud und Poßekim im Einklange weiß. Nicht mehr würden bei dieser künftigen Orthodoxie Tallith und Thefillin ein Kennzeichen der Rechtgläubigkeit sein, sondern das — geistliche Ornat; nicht mehr würden bei ihr die kenntniß vollen und in Demuth wandelnden Rabbis und Lehrer gelten, sondern die ordinirten und geweihten Hierarchen, die „geistlichen"

Herren; nicht mehr wären bei ihr die 13 maimonidischen Grund=
lehren Normen des Glaubens, sondern die, etwas jüdisch colorirten
39 Artikel der bischöflichen Kirche; nicht mehr gälte bei ihr das
"Thorahlernen" und der gesetzestreue und sittenreine Lebenswandel,
sondern das Beten, die Askese, der Glaube. Und anstatt aus
Thalmud und Midraschim, die ihnen ja doch Bücher mit sieben
Siegeln wären, würden die Homileten dieser neuen "rechtgläubigen"
Schule aus Edwards oder Wesley oder Spurgeon schöpfen, wobei
man ja nur nöthig hätte, anstatt "our Saviour" den Ausdruck
"the God of our ancestors" zu setzen, und einige derartige kleine
Abänderungen mehr. "Salvation by faith", "hereditary sin",
"election by grace", "vicarious death" u. s. w, — das ginge
gewiß noch an und würde unbeanstandet passiren. Und so würde
man nicht zaudern, das Gold unserer Lehre mit den gröbsten heid=
nischen Schlacken zu verunreinigen, wenn auf denselben sich nicht
mit ganz unzweideutiger, selbst dem blödesten Auge lesbarer Frac=
turschrift die Etikette befände: Dieses ist specifisch=christliche Doctrin!
Ohnehin hat man Präcedenzfälle, und so soll z. B. vor mehreren
Jahren ein Gastprediger in einem hiesigen jüdischen Gotteshause
seine Predigt mit den markigen Worten begonnen haben: "Im
Anfange war das Wort," und ein Anderer verkündete als sein
jüdisches Reformprinzip: Rückkehr zum reinen Gotteswort und
Beseitigung aller Menschenzuthaten! Aber erst die von Deutschland
und deutscher Wissenschaft losgelöste, "emancipirte" liberale Rich=
tung, — welche Gestalt würde diese annehmen? Der vulgäre und
in religiösen Dingen äußerst unwissende Thomas Paine — der
amerikanische Dr. Bahrdt — würde das Muster werden, nach
welchem man sich bilden würde; in jungamerikanischem Uebermuth
würde der dem Menschen eingeborene religiöse Drang als nicht=
existirend und unberechtigt verlacht werden; das Bemühen, ihm
gerecht zu werden, das Streben, das Höhere ahnungsvoll und innig
zu erfassen, selbst wenn zur Herzenswärme das klarste Licht sich

gesellte, würde als Mysticismus verschrieen werden, und das allersubjectivste und bodenloseste Belieben würde zur Herrschaft gelangen. Und wenn etwa die offiziellen Lehrer dieser Richtung es nicht für gut fänden, in der vollen Nudität ihres wahren Wesens zu erscheinen, sondern es zweckmäßig erachteten, mit einem gewissen positiven Aplomb aufzutreten, so würden sie, die Pfaffen der Aufklärung, allenfalls in ein zweideutiges Wesen sich hüllen, mit einem Nimbus pastoraler Würde sich umgeben, und jegliche Schlichtheit und Geradheit im Character vollends abstreifen. So wäre das künftige know-nothingistische Judenthum in Amerika.

Und war denn das babylonische Judenthum, das so geistesgewaltig und weithin herrschend auftrat, und dessen Herrschaft sich noch in unserm Religionswesen geltend macht, von Anfang an gleich unabhängig und selbstständig? Mehr als acht Jahrhunderte hatten Juden in den Ländern am Euphrat und Tigris gelebt, wir wissen sogar, daß sie in materiellen Dingen oft einer Zeit der Blüthe, des Wohlstandes sich erfreuten, aber in religiösen Angelegenheiten ordneten sie sich willig den paläftinischen Lehrern, Schulen, Anordnungen unter, bis endlich im Anfange des dritten Jahrhunderts, zur Zeit der Geisteshelden Rab und Samuel, das babylonische Judenthum sich gewissermaßen von dem Judenthum in Galiläa emancipirte, gewissermaßen das Band der Abhängigkeit zerriß. Vor dieser Zeit vernehmen wir wohl von einigen aus Babylonien stammenden, in Babylonien wirkenden geistigen Heroen des Judenthums, aber deßhalb war das babylonische Judenthum doch immer ein solches, das practisch und wissenschaftlich vom Judenthume im Lande der Väter abhängig war. Und war denn das spanische Judenthum, das später so selbstständig und so mächtig und einflußreich dastand, von Anfang an gleich unabhängig? Jahrhunderte lang lebte es in geistiger Abhängigkeit vom Judenthum in Persien und Babylonien, lebte es in einer Art religiösen Vasallenthums, bis endlich im zehnten Jahrhundert, zur Zeit des wissens-

reichen und kunstsinnigen edlen Staatsmannes Chasdai Jbn
Schaprut, der Tag der Selbstständigkeit anzubrechen begann und
bald in voller lichter Klarheit erschien. Vor dieser Zeit findet sich
von irgend einer geistigen Regsamkeit im spanischen Judenthume
kaum eine Spur. Und war denn das deutsche Judenthum des
Mittelalters, das später in thalmudischer und halachischer Richtung
so ungemein Großes leistete, gleich von Anfang an unabhängig?
Jahrhunderte lang lebten Juden in Deutschlands Gauen, bis end=
lich im elften Jahrhundert, zur Zeit des Rabbenu Gerschom, der
„Leuchte der Zerstreuung", die Sonne der thalmudischen Wissen=
schaft ihre ersten Strahlen zu Deutschland's Juden sandte. Vor
dieser Zeit hören wir von italienischen gelehrten Juden, welche zu
den Zeiten Karls des Großen nach Deutschland einzuwandern ver=
anlaßt wurden, und welche Lehrer und Leiter der deutschen Juden=
heit geworden sein sollen.

Auch für Amerika wird die Zeit einer selbstständigen Blüthe
des Judenthums hoffentlich nicht ausbleiben. Sie aber heute
schon zu erwarten, wäre Thorheit. Sie heute schon als eingetreten
zu proclamiren, wäre ein Verbrechen. Bewahren wir immerhin
unser Verhältniß zum und unsere innige Verbindung mit dem
deutschen Judenthum! Holen wir uns in der Regel immerhin noch
eine Zeit lang unsere Lehrer und Rabbinen aus Deutschland! In
einer Beziehung aber, dieses hoffen wir, wird dann bald das
amerikanische Judenthum das deutsche Judenthum überragen: In
seiner begeisternden Schöne, in seiner seelenerfreuenden und herzer=
wärmenden Gestalt, in der es in seinen cultuellen Angelegenheiten
und in seinen mannigfachen Beziehungen zum Leben erscheinen
wird. Während in Europa durch den Zwang äußerer, gegebener
Verhältnisse die bestehenden Formen, Bräuche, Anschauungen, die
ohnehin noch sehr tief wurzeln, nur schwer und nur allmählig
andern Formen und anderer Denkweise Platz machen, kann in
Amerika, wo jene Verhältnisse nicht walten und nicht hemmen, das

neue Judenthum, das Judenthum der Zukunft stolz sich entfalten, frei sich machen von den entstellenden und verhüllenden Gewändern einer hinter uns liegenden, auch im Geiste überwundenen Zeit, frei sich machen von Bleigewichten, die es zum Boden hinabziehen, ihm die Schwingen lähmen, ihm den kühnen Aufschwung zu lichter Höhe erschweren. Von dieser Höhe herab, der das amerikanische Judenthum mächtig und erfolgreich entgegen strebt, wird es wirken auf seine Bekenner und selbst auf die, die nicht in seinem Schooße sind geboren worden; es wird begeistern seine Söhne und verklären seine Töchter; es wird erwärmen die Herzen und erleuchten die Köpfe; es wird läutern den Willen und veredeln die Gesinnung; es wird adeln das Streben und weihen das Leben.

Dazu kommt es, aber es kommt nicht dazu von selbst, und wenn Ihr in Trägheit und Pflichtvergessenheit verharret. Israeliten Amerika's, thut Ihr das Eurige!

Uebrigens bin ich der Meinung, g u t e jüdische Schulen seien zu gründen, und die Unwissenheit in jüdischen Dingen müsse zerstört werden.

Druck von G. J. Groß, 38 Lasalle-Straße.